Aurora boreal

Grace Hansen

Abdo Kids
LUCES EN EL FIRMAMENTO
Kids

Abdo Kids Jumbo es una subdivisión de Abdo Kids
abdobooks.com

abdobooks.com

Published by Abdo Kids, a division of ABDO, P.O. Box 398166, Minneapolis, Minnesota 55439.

Printed in the United States of America, North Mankato, Minnesota.

052021

092021

THIS BOOK CONTAINS RECYCLED MATERIALS

Spanish Translator: Maria Puchol

Photo Credits: iStock, Science Source, Shutterstock

Production Contributors: Teddy Borth, Jennie Forsberg, Grace Hansen
Design Contributors: Dorothy Toth, Pakou Moua

Library of Congress Control Number: 2020930714

Publisher's Cataloging-in-Publication Data

Names: Hansen, Grace, author.

Title: Aurora boreal/ by Grace Hansen;

Other title: Northern Lights. Spanish

Description: Minneapolis, Minnesota: Abdo Kids, 2022. | Series: Luces en el firmamento | Includes online resources and index.

Identifiers: ISBN 9781098204488 (lib.bdg.) | ISBN 9781098205461 (ebook)

Subjects: LCSH: Auroras--Juvenile literature. | Northern lights--Juvenile literature. | Geomagnetism--Juvenile literature. | Space--Juvenile literature. | Astronomy--Juvenile literature. | Spanish language materials--Juvenile literature.

Classification: DDC 538.768--dc23

Contenido

Auroras en el cielo. 4

Explicación científica de las auroras. 6

¿Dónde se ven las auroras? 18

Más datos 22

Glosario. 23

Índice. 24

Código Abdo Kids. 24

Auroras en el cielo

Las auroras boreales parecen magia. ¡Pero son muy reales! La ciencia puede explicar por qué ocurren.

Explicación científica de las auroras

El Sol es el centro de nuestra **galaxia**. Todo en nuestra galaxia gira alrededor del Sol. Es muy grande y desprende mucho calor.

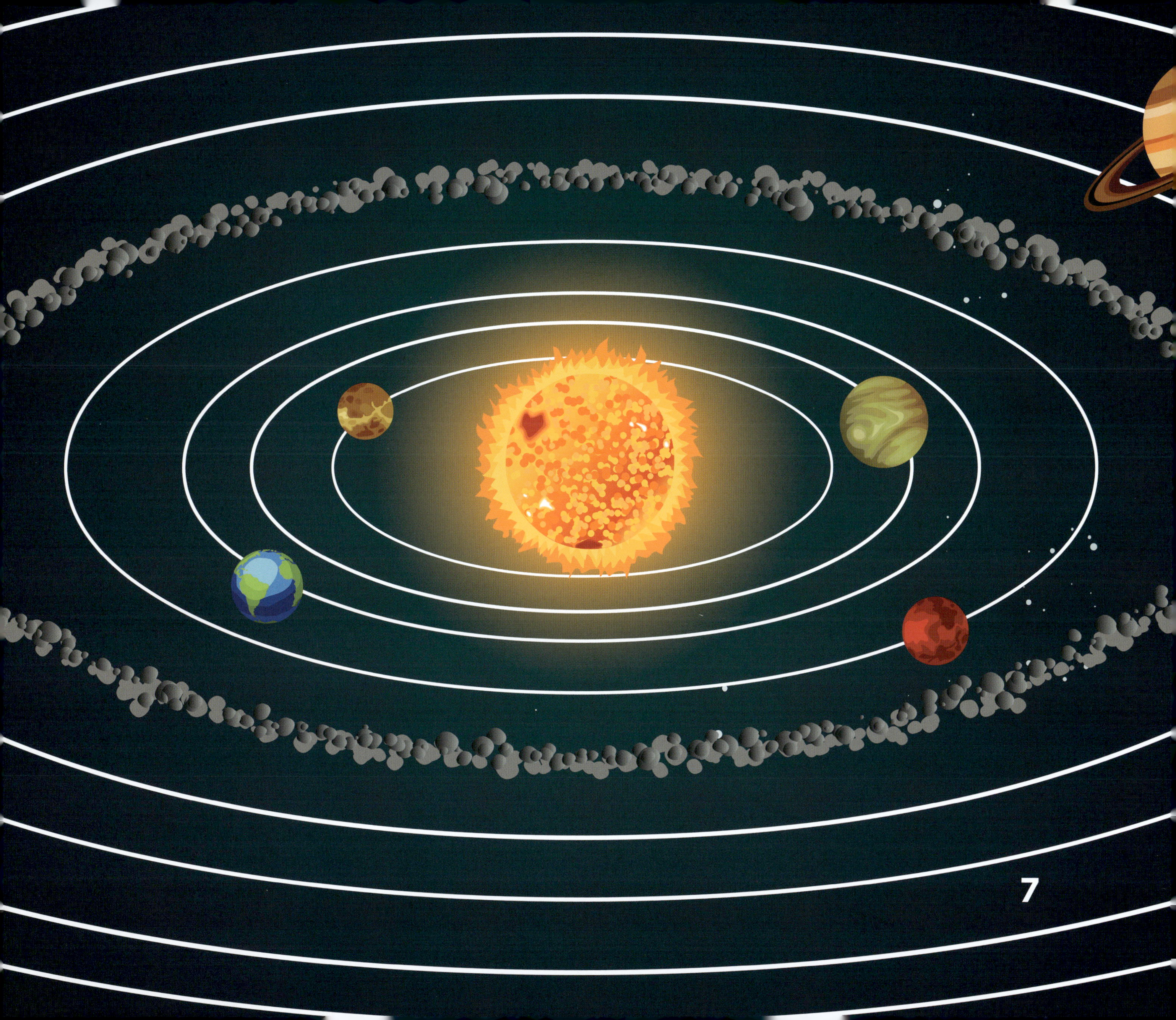

Cada segundo de cada día el Sol emana **partículas cargadas** al espacio. **Vientos solares** empujan estas partículas hacia la Tierra.

La Tierra es un imán gigante. Tiene un campo magnético que la rodea. Este campo magnético llega hasta el espacio y nos protege de la mayoría de las **partículas cargadas** que desprende el Sol.

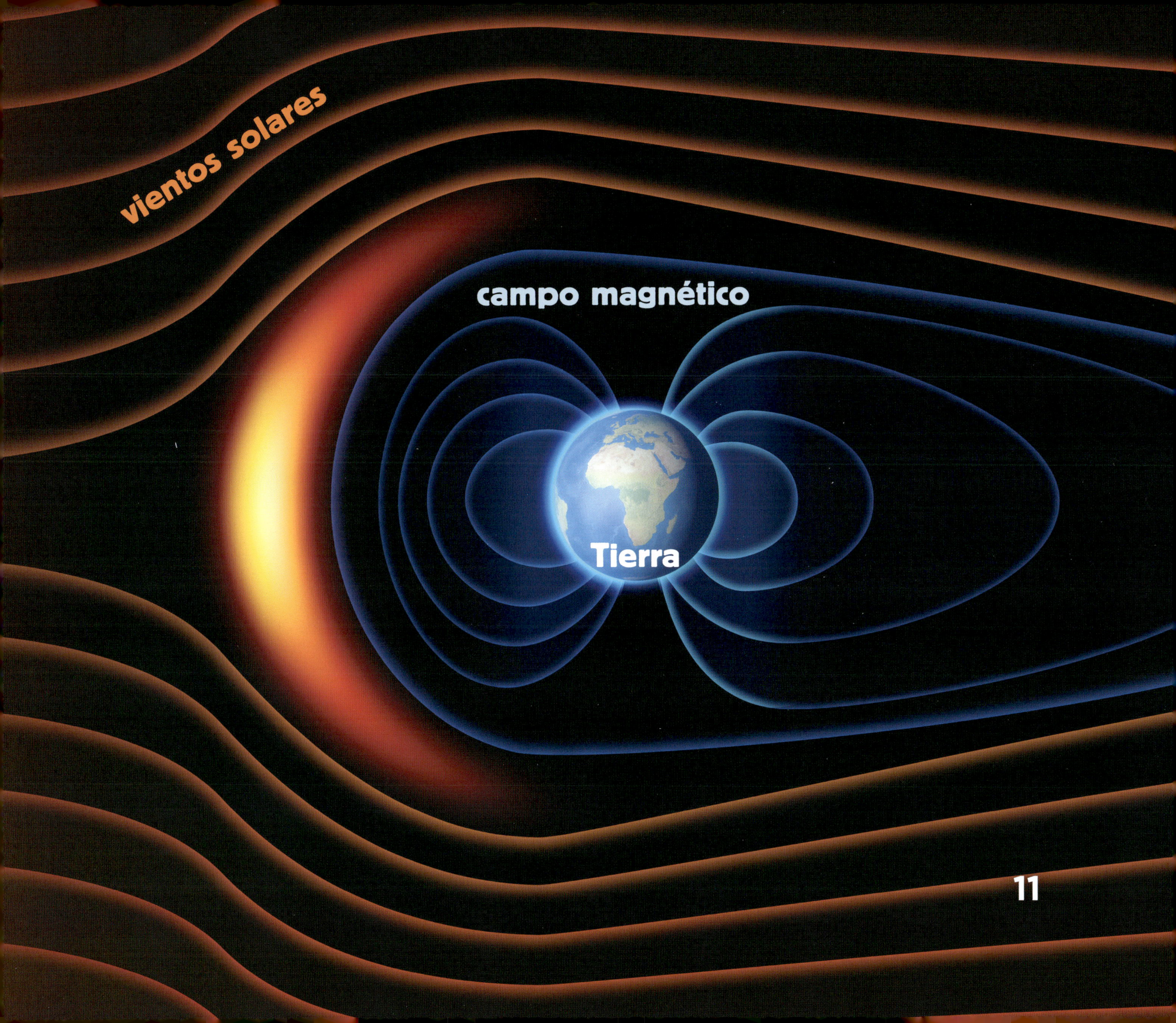
vientos solares
campo magnético
Tierra

En algunas ocasiones estas partículas logran entrar en la **atmósfera** de la Tierra. La penúltima capa de la atmósfera, la termosfera, tiene **moléculas** de nitrógeno y oxígeno.

Las **partículas cargadas** colisionan con las **moléculas** de nitrógeno y oxígeno pasándoles energía. Esto altera a las moléculas.

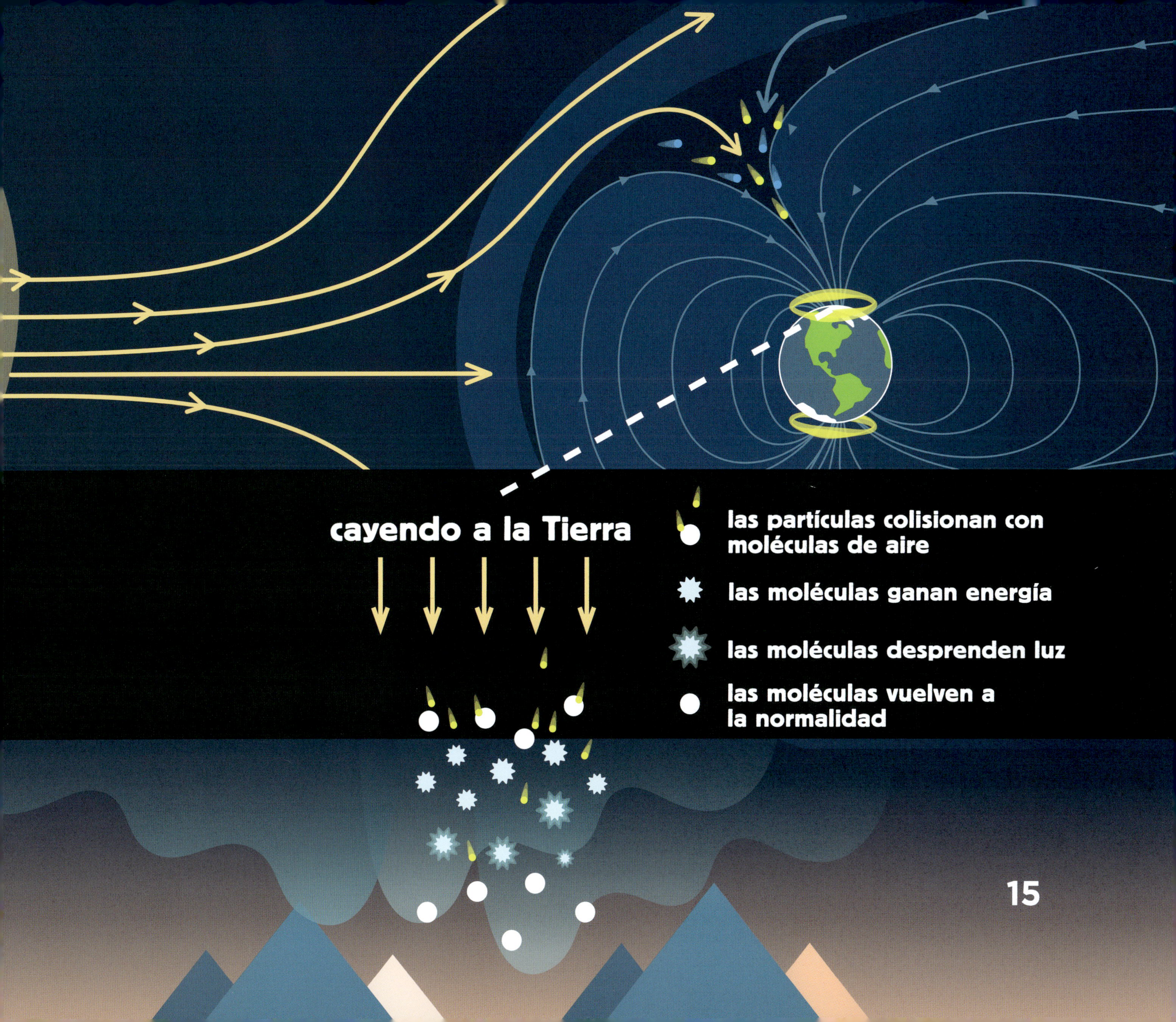
cayendo a la Tierra
las partículas colisionan con moléculas de aire
las moléculas ganan energía
las moléculas desprenden luz
las moléculas vuelven a la normalidad

Las **moléculas** para tranquilizarse liberan energía. Esta energía se proyecta en forma de luz. El oxígeno desprende luz verdosa o roja. El nitrógeno a menudo **emite** luz azul.

¿Dónde se ven las auroras?

Como en todos los imanes, la fuerza magnética de la Tierra es más fuerte en los polos norte y sur. Las líneas de los campos magnéticos se juntan en los polos. Por eso es más probable ver las auroras cerca de los polos.

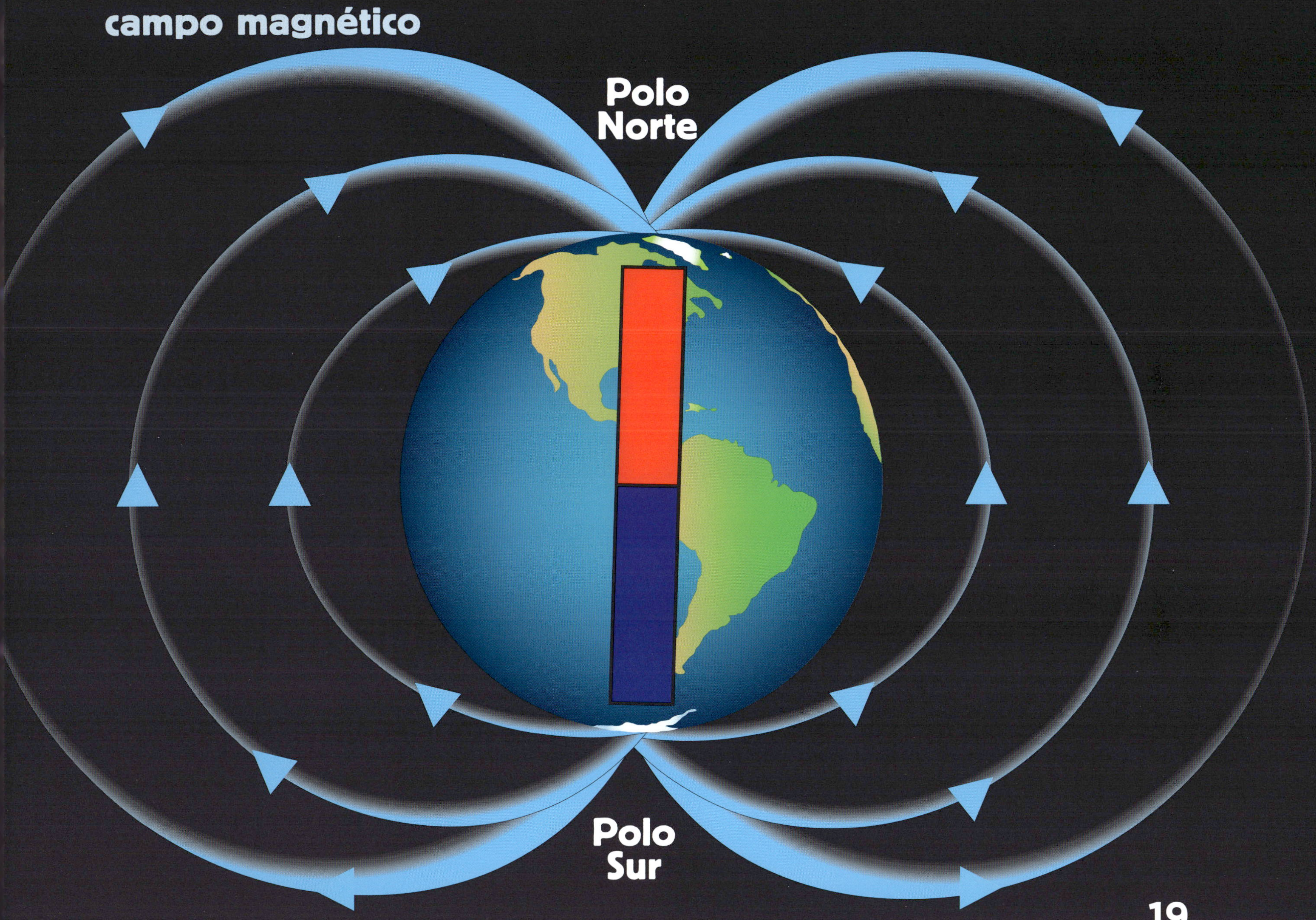
campo magnético
Polo Norte
Polo Sur

La Estación Espacial Internacional (*ISS*, por sus siglas en inglés) orbita en la termosfera alrededor de la Tierra. En la Tierra se ven las auroras desde abajo. ¡Los astronautas pueden ver las auroras desde arriba en la *ISS*!

Más datos

- En el hemisferio norte, las auroras se llaman auroras boreales. *Aurora* es el nombre de la diosa romana del amanecer. El nombre griego *Boreas* significa viento del norte.

- La Tierra no es el único planeta que tiene auroras. Júpiter, Saturno, Urano y Netpuno tienen auroras también.

- Hay pinturas rupestres en Francia que parecen mostrar la aurora boreal. Estas pinturas son de hace 30,000 años.

Glosario

atmósfera - capa gaseosa que rodea la Tierra.

emitir - dar o desprender.

galaxia - conjunto de billones de estrellas, planetas y otra materia, unidos por la gravedad. La Tierra y el Sol forman parte de la galaxia Vía Láctea.

molécula - unidad mínima de una sustancia que conserva todas sus propiedades. Una molécula puede estar formada por un único átomo o un grupo de átomos.

partícula cargada - partícula con carga eléctrica.

viento solar - oleada constante de partículas cargadas, liberadas por el Sol a alta velocidad.

Índice

atmósfera 12, 20

campo magnético 10,18

Estación Espacial Internacional 20

galaxia 6

luz 16, 20

polos 18

Sol, el 6, 8, 10

Tierra, la 8, 10, 12, 18, 20

viento solar 8